BEI GRIN MACHT SICH IHR WISSEN BEZAHLT

Bibliografische Information der Deutschen Nationalbibliothek:

Die Deutsche Bibliothek verzeichnet diese Publikation in der Deutschen National-
bibliografie; detaillierte bibliografische Daten sind im Internet über http://dnb.d-
nb.de/ abrufbar.

Impressum:

Copyright © 2018 GRIN Verlag
Druck und Bindung: Books on Demand GmbH, Norderstedt Germany
ISBN: 9783668742727

Dieses Buch bei GRIN:

https://www.grin.com/document/424416

Anonym

Marktanalyse für den Unternehmenstyp "Mikrostudio Functional Training"

GRIN Verlag

GRIN - Your knowledge has value

Der GRIN Verlag publiziert seit 1998 wissenschaftliche Arbeiten von Studenten, Hochschullehrern und anderen Akademikern als eBook und gedrucktes Buch. Die Verlagswebsite www.grin.com ist die ideale Plattform zur Veröffentlichung von Hausarbeiten, Abschlussarbeiten, wissenschaftlichen Aufsätzen, Dissertationen und Fachbüchern.

Besuchen Sie uns im Internet:

http://www.grin.com/

http://www.facebook.com/grincom

http://www.twitter.com/grin_com

Inhaltsverzeichnis

1 Marktbeschreibung /-analyse

1.1 Allgemeine Informationen über den Unternehmenstyp

In der Hausarbeit geht es um eine komplette Bearbeitung einer Marktanalyse für den Unternehmenstyp „Mikrostudio Functional Training" in Düsseldorf mit einem dazugehörendem Marketingkonzept. Die Hauptzielgruppe sind Menschen die sowohl sportorientiert als auch gesundheitsorientiert trainieren und dabei an ihre Leistungsgrenze kommen wollen. Functional Training ist nicht nur zur Erhaltung und Verbesserung von alltäglichen Bewegungsmustern geeignet (Rose, 2013), sondern auch zur Ergänzung von anderen Sportarten (Santana, 2016). Das Mikrostudio soll vor allem Breitensportler ansprechen, die über wenig Zeit verfügen, schnelle Erfolge und Spaß beim Training haben wollen.

Wenn es um die Auswahl von angemessenen Eigenschaften der Positionierung geht, müssen sowohl Wünsche als auch die Bedürfnisse der Konsumenten im Mittelpunkt stehen, weil sonst für den Kunden wichtige Leistungsmerkmale vom Anbieter unterbewertet werden (Esch, 2004).

Das Mikrostudio Functional Training wird am Markt klar positioniert, da es hohe Trainingsqualität durch fachkundige Trainer verspricht, die auf individuelle Bedürfnisse eingehen. Durch die persönliche Betreuung werden sowohl Übertraining als auch Verletzungsgefahr vermieden. Es wird in topaktuellen Einrichtungen trainiert und bei jeder Einheit soll ein Wohlfühlfaktor entstehen, sodass das Mitglied gerne zum Auspowern kommt.

Tab. 1: Produkt-, Preis- und Distributionspolitik (eigene Darstellung)

Produktpolitik	• Personal Training individuelle Betreuung (1:1) und in Kleingruppen (max. 6 Personen) • Speziell ausgebildete Trainer • Zeitersparnis durch kurze Workouts von 24 Minuten / 1-3 mal die Woche • Schnell messbare/spürbare Resultate durch enorme Trainingseffizienz

Tab. 2: Weiterführung Produkt-, Preis- und Distributionspolitik (eigene Darstellung)

Preispolitik	<ul><li>Abo 12 Monate: monatlicher Beitrag →1 x Training/Woche 49€ →2 x Training/Woche 89€ →3 x Training/Woche 129€</li></ul>
Distributionspolitik	<ul><li>Größe des Studios: 250 qm</li><li>Standtort: Zentral gelegen/ Stadtmitte</li><li>Park-/Einkaufsmöglichkeiten in unmittelbarer Nähe</li><li>Kooperationen mit Fitness-Youtubern und Vereinen</li></ul>

1.2 Lage und Standort des Unternehmens

Für den Standort des fiktiven Mikrostudios Functional Training wurde die Stadtmitte im Stadtbezirk 2 gewählt. Die genaue Adresse lautet Steinstraße 27, 40210, Stadtmitte Düsseldorf. Das Studio befindet sich im Kreuzungsbereich der Steinstraße und der Bismarckstraße, wodurch es eine attraktive Ecklage bietet. Der Standort ist zentral gelegen und in unmittelbarer Nähe sind viele Parkmöglichkeiten gegeben, wie beispielsweise in der Bismarckstraße. In der Kreuzstraße 27 wäre optional noch ein Parkhaus oder es wird direkt in der Steinstraße das Fahzeug stehen gelassen. Wenn man aus der Bismarkstraße kommt muss man umwegslos an unserer Straße vorbeifahren und an einem Stoppschild halten. Von dort aus bietet sich ein direkter Blick auf das repräsentative Objekt und das Klientel. Auch aus Carlstadt kommend ist das Mikrostudio im Sichtfeld. Genau 20 meter vor dem Laden existiert eine Fußgängerampel, bei der Passanten beim Überqueren und stehende Autos darauf schauen können, was sich super als Werbung eignet. Sowohl mit dem Fahrzeug als auch mit der U-Bahn, welche nur eine Gehminute entfernt liegt, ist das Unternehmen gut zu erreichen. In der Steinstraße befindet sich zudem das Boulevard Theater für Komödie, direkt gegenüber ist das Miele Center und viele weitere Ateliers und Geschäfte in der berühmten Einkaufsstraße der Königsallee, locken immer mehr gut betuchte Menschen durch den gewählten Stadtteil. Somit ist gewährleistet, dass wir stets im Blickfeld stehen.

1.3 Bestimmung von zwei Marktgebieten

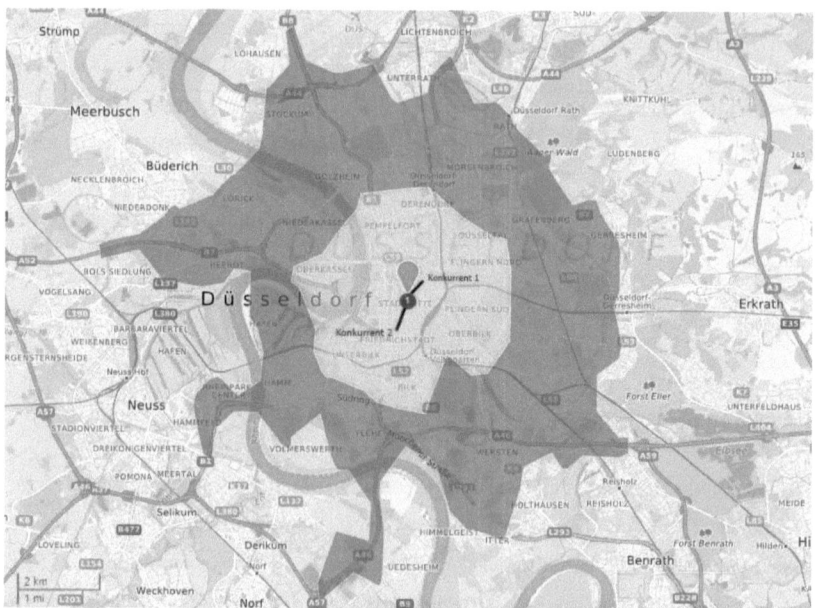

Abb. 1: Marktgebiet 1, 2 und 2 Konkurrenten (Darstellung aus https://openrouteservice.org)

1.4 Makroumfeldanalyse und Abschätzung des Marktpotenzials

Kaufkraftsumme: 16.162 Mio. (2017)

Kaufkraftindex gesamt: 118,7 (Index je Einwohner; 100 = Landesdurchschnitt)

Arbeitslosenquote: 23.973 (7,4 %) 31.12.2016

Einwohnerzahl gesamt: 635.704

Die Grafik stellt die Altersverteilung in Düsseldorf dar (Amt für Statistik und Wahlen Düsseldorf, 2016)

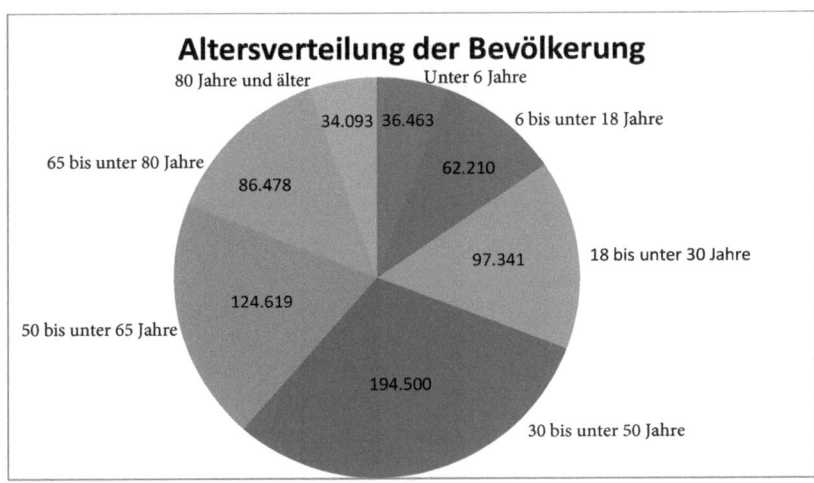

Abb. 2: Altersveteilung in Düsseldorf 31.12.2016 (eigene Darstellung)

Im Weiteren findet eine Aufschlüsselung der Einwohner von Marktgebiet 1+2 nach Stadtteilen statt (Amt für Statistik und Wahlen Düsseldorf, 2016)

Tab. 3: Einwohnerzahlen im Marktgebiet 1 (eigene Darstellung)

Stadtteil	Einwohnerzahl gesamt	Anteil des Stadt-teils im Martktge-biet prozentual	Einwohnerzahl pro Stadtteil im Marktgebiet
Friedrichsstadt	19.984	100 %	19.984
Pempelfort	31.897	100 %	31.897
Oberkassel	18.840	100 %	18.840
Flingern Nord	23.851	100 %	23.851
Carlstadt	2.588	100 %	2.588
Flingern Süd	10.348	100 %	10.348
Stadtmitte	15.008	100 %	15.008
Altstadt	2.244	100 %	2.244
Oberbilk	30.446	100 %	30.446
Unterbilk	19.052	95 %	19.052

Tab. 4: Weiterführung der Einwohnerzahlen im Marktgebiet 1 (eigene Darstellung)

Stadtteil	Einwohnerzahl gesamt	Anteil des Stadtteils im Martktgebiet prozentual	Einwohnerzahl pro Stadtteil im Marktgebiet
Bilk	40.038	90 %	36.034
Derendorf	20.401	70 %	14.280
Düsseltal	28.141	40 %	11.256
Gesamt			235.828

Tab. 5: Einwohnerzahlen im Marktgebiet 2 (eigene Darstellung)

Stadtteil	Einwohnerzahl gesamt	Anteil des Stadtteils im Martktgebiet prozentual	Einwohnerzahl pro Stadtteil im Marktgebiet
Wersten	27.232	100 %	27.232
Niederkassel	5.970	100 %	5.970
Mörsenbroich	17.407	100 %	17.407
Lierenfeld	10.562	100 %	10.562
Hamm	4.399	100 %	4.399
Stockum	5.607	100 %	5.607
Golzheim	12.702	100 %	12.702
Flehe	2.687	100 %	2.687
Eller	31.516	90 %	28.364
Grafenberg	5.832	85 %	4.957
Düsseltal	28.141	60 %	16.885
Heerdt	11.028	40 %	4.411
Lörick	7.608	40 %	3.043
Rath	20.231	35 %	7.081
Gerresheim	29.585	30 %	8.875
Vennhausen	10.514	30 %	3.154
Itter	2.357	30 %	707
Derendorf	20.401	30 %	6.121
Volmerswerth	2.350	20 %	470
Unterrath	21.746	20 %	4.349
Himmelsgeist	2.034	20 %	407

Tab. 6: Weiterführung Einwohnerzahlen Marktgebiet 2 (eigene Darstellung)

Stadtteil	Einwohnerzahl gesamt	Anteil des Stadt-teils im Martktge-biet prozentual	Einwohnerzahl pro Stadtteil im Marktgebiet
Hassels	17.668	10 %	1.767
Bilk	40.038	10 %	4.004
Gesamt			181.161

Nun erfolgt die Berechnung des Marktpotenzials mit der Formel (Schubert, T.)

Marktpotenzial = Anzahl potenzieller Kunden x durchschnittlicher Bedarf

Tab. 7: Marktpotenzial (eigene Darstellung)

	Einwohnerzahl	Faktor	Einwohner
Marktgebiet 1	235.828	100 %	235.828
Marktgebiet 2	181.161	70 %	126.813
Einwohnerzahl (Marktgebiet 1+2)			362.641
Marktpotenzial 12 %			**43.517**

1.5 Wettbewerbsanalyse

Bodystreet Düsseldorf Berliner Allee

(https://www.bodystreet.com/de/standorte/deutschland/duesseldorf/bodystreet-duesseldorf-berliner-allee/)

Die Produktpolitik des EMS-Studios umfasst ein Ganzkörpertraining einmal die Woche in nur 20 Minuten, welches von Personaltrainern begleitet wird. Dabei sind die Preise im Premiumsegment angesiedelt. Ist für Menschen jeden Alters die keine Zeit zur ver-fügung haben, aber sich trotzdem nach einem fitten Körper ersehnen.

Das Mikrostudio positioniert sich insbesondere durch eine individuelle Betreuung der umfassend ausgebildeten Trainer, die es schaffen Spaß und Work-Out zu vereinen.

JONENsports – Personaltraining (http://jonen-sports.de/)

JONENsports bietet Personaltraining, Power Plate/Vibrationstraining, EMS – Training und EMS Cross Training ebenso im Studio wie im Büro/Zuhause an, wodurch sie sehr breit gefächert sind. Die Preise beginnen ab 55,00 € und richten sich nach Einheitenanz-ahl und Örtlichkeit. Dast Studio liegt im japanischen Szenenviertel, im Zentrum von

Düsseldorf. JONENsports positioniert sich durch die neuesten und effizientesten Trainingsmöglichkeiten, die individuell an den Kunden angepasst werden und einer persönlichen Atmosphäre.

Tab. 8: Darstellung und Vergleich der zwei stärksten Mitbewerbern (eigene Darstellung)

Studio	Mikrostudio Functional Training	Bodystreet Düsseldorf	JONENsports
Stärken	-hohe Trainingseffizienz/schnelle Resultate -top ausgebildete/fachkundige Trainer	-zeitersparnis durch 20 Minuten Training/Woche -individuelle Betreuung	-Trainingssysteme für jedermann -ausreichend Parkmöglichkeiten in Tiefgarage
Schwächen	-hohe Preise -wenig Equipment	-einseitiges Training -Öffnungszeiten nicht geeignet für Morgenmenschen: →Montag-Freitag 10-20Uhr →Samstag 10-14Uhr	-ebenfalls hohe Preise -nur für Personen die Personaltrainings möchten

2 Marketingplanung

2.1 Budgetplanung

Berechnung des Jahresmarketingbudgets für das erste Geschäftsjahr anhand der Methode Marketingkosten pro Neukunde:

Mikrostudio mit Positionierung „Functional Training"

Erfahrungsgemäße Marketingkosten/Neukunde	60€
Geplante Mitgliederzahl nach dem 1. Geschäftsjahr	100
Jahresmarketingbudget	**6.000€**

2.2 Kommunikationspolitik

Die erste Vermarktungskampagne ist 2 Monate vor Eröffnung des Studios geplant. Zusätzlich zur fest eingeplanten Werbung, wird das Direktmarketing und das Online-Marketing für die Kampagne verwendet. Mit Hilfe der Werbung lässt sich über die Eigenschaften von Produkten informieren (Höpcke & Freyer, 2013) oder in dem Fall über die genaue Positionierung des Mikrostudios.

Das zweite Instrument Direktmarketing ist eine optimale Ergänzung für die Vermarktungskampagne, weil es die Zielgruppe genau bestimmen kann und folglich Fehlstreuungen vermieden werden (Bristot, 2005). Durch lockeres Auftreten bei der Direktansprache der Hauptzielgruppe wird Vertrauen zu den potenziellen Mitgliedern aufgebaut und von der Trainingsmethode überzeugt. Somit bietet sich schlussendlich die Möglichkeit zu einem Dialog (Bristot, 2005), bei dem Vorort alle Fragen beantwortet, Misstrauen beseitigt und im besten Fall Neukunden generiert werden können.

Als letztes wird das Online-Marketing, im Sinne von Social Media Marketing genutzt. Dieses Instrument verfügt über eine enorme Reichweite und die Werbeanzeigen sind im Vergleich zu Inseraten in Zeitungen relativ kostengünstig. Des Weiteren lässt sich dadurch das Klientel leichter und vor allem schneller erreichen, weil es im Print-Bereich wesentlich länger dauert bis die fertiggestellte Anzeige die Massen erreicht (Riehle, 2015). Über das Aufgeben von Anzeigen in sozialen Netzwerken wie Facebook, soll der Bekanntsheitsgrad gesteigert und der Streuverlust vermieden werden. Zudem kann das Angebot im Internet sowohl leicht dargestellt als auch verbreitet werden und bietet somit dem Kunden ausreichend Informationen über das Mikrostudio. Interessenten können dann über einen Link den Kontakt zum Unternehmen suchen, wodurch im Gegenzug auch Details über mögliche Mitglieder gewonnen werden.

Das Hauptziel der Kampagnen ist somit die Positionierung klar verständlich auf den Markt zu bringen und Functional Training im Mikrostudio im definiertem Marktgebiet populär zu machen.

Tab. 9: Konzept für die Vermarktungskampagne (eigene Darstellung)

Instrumente	Werbung	Direktmarketing	Online-Marketing
Ziel der Aktion	-Durchsetzung gegenüber Konkurrenz	-Vertrauen zu Kunden aufbauen	-Bekanntheitsgrad optimieren innerhalb Zielgruppe

Tab. 10: Weiterführung des Konzeptes für die Vermarktungskampagne (eigene Darstellung)

Ziel der Aktion	-Erschaffen eines Bekanntsheitsgrades an unserem Standort/in anderen Stadtteilen aus unserem Marktgebiet	-Mitglieder generieren	-Anfragen generieren
Inhalt der Kampagne	-Infos über unsere Studioeröffnung und unsere Positionierung	- Direkansprache und verteilen von Flyern in Königsallee -Terminierung von kostenlosen Probetrainings vor Eröffnung	-Gestalten& Platzieren von Werbeanzeigen auf sozialen Netzwerken
Aktion	Werbeplakate an Studio & Ganzsäule	Direktansprache	Anzeige in Facebook
Erfolgsmessung	Alle Interessenten werden vor dem ersten Training gefragt wie sie auf uns aufmerksam wurden. Wird hierbei ein Instrument genannt, wird dies in unserer Abschlussquote einkalkuliert. Letztendlich lässt sich der Erfolg der Kampagne genau ausrechnen und kann mit der geplanten Mitgliederzahl nach einem Jahr verglichen werden. Ist diese erreicht/übertroffen worden →erfolgreich		

Tab. 11: Zeitliche Organisation der Vermarktungskampagne (eigene Darstellung)

Organisation	Beginn	Deadline	Zuständig
Entwurf zur Gestaltung der Anzeige	01.11.2017	15.11.2017	SI
Einholen Angebote/Fertigstellung Anzeige	15.11.2017	05.12.2017	SI
Veröffentlichung Artikel auf Facebook	05.12.2017	07.12.2017	SI
Entwurf zur Gestaltung der Flyer	01.11.2017	15.11.2017	SI
Meeting mit Agentur zur Durchsicht und Fertigstellung der Flyer	15.11.2017	05.12.2017	SI

Ma=Mitarbeiter SI=Studioleiter Wa=Werbeagentur

Tab. 12: Weiterführung der Zeitlichen Organisation der Vermarktungskampagne (eigene Darstellung)

Organisation	Beginn	Deadline	Zuständig
Direktansprache in Königsallee	05.12.2017	14.12.2017	Ma
Gestaltung der Außenwerbung & Einholen verschiedener Angebote für Außenwerbung	01.11.2017	15.11.2017	Sl
Meeting mit Agentur zur Durchsicht und Fertigstellung	15.11.2017	05.12.2017	Sl
Plakat platzieren ab 5. Dezember	05.12.2017	07.12.2017	Wa

Ma=Mitarbeiter Sl=Studioleiter Wa=Werbeagentur

2.3 Werbeplanung

Für die Werbeplanung der ersten Vermarktungskampagne stehen 20 % des Jahresmarketingbudgets, folglich 1.200,00 €, zur Verfügung. Neben der genauen Positionierung steht gleichermaßen das Image im Fokus und diese Werte müssen dementsprechend übermittelt werden. Als erstes Werbemittel wird ein Plakat als Außenwerbung an einer Ganzsäule, direkt an der vielbefahrenen Berliner Allee in der Stadtmitte befestigt. Vorteil hierbei ist, dass auch Nichtmitglieder aktiv angesprochen werden. Die Zielgruppe hierbei wären primär die Einwohner aus den Marktgebieten 1 und 2. Das Hauptaugenmerk liegt auf der Gestaltung eines herausstechenden und überschaubaren Plakates, welches die Aufmerksamkeit der Passanten anregt. Die Außenwerbung wird ab dem 05.12.2017 für 11 Tage platziert. Die Vermarktungsgebühren betragen hiebei 376,20 €, die Produktionskosten für Plakate belaufen sich auf 194,71 € für einen Druck mit dem Format 8/1 einer Ganzsäule und das 4tlg. Insgesamt betragen die Kosten inklusive Bearbeitungsgebühr und der Steuer auf 761,49 €.

Des Weiteren werden Werbebanner auf Facebook innerhalb der zwei Monate vor Eröffnung geschalten, sodass sich Interessenten direkt bei melden können. Bei Facebook wird ein Laufzeitbudget von 350€ (Facebook.com) eingestellt. Es wird eine Zielgruppe im Alter von 18 bis 40 bestimmt, bei der Facebook pro Klick auf die Werbebanner einen gewissen Centbetrag erhält. Durch dieses soziale Netzwerk lässt sich Anzeigen wie viele Menschen durch den Banner erreicht werden, was in der späteren Erfolgsermittlung wichtig ist.

Zuletzt wird der Flyer als Werbemittel gewählt, da er mit einem Preis von 93,96 € für 5000 Auflagen (diedruckerei.de) kostengünstig ist. Außerdem spiegelt er das Studio wieder und ist somit der wichtigste Informationsträger einer Direktansprache. Daher muss der Flyer vom Studioleiter entsprechend gestaltet werden um im besten Fall sogar Emotionen beim Interessenten auslösen. Ausgebreitet wird er überall wo sich die Zielgruppe befindet. Direkt vor dem Studio in der Steinstraße wird Pasanten und besonders in der Königsallee wird verstärkt Promotion betrieben. Da die Königsalle als Aushängeschild und internationales Markenzeichen fungiert kann man davon ausgehen, dass hier mehrere Menschenmassen auf Einkaufstour gehen. Auf Grund dessen wird hier der Hauptteil der Flyer direkt an mögliche Neukunden gebracht.

Eigene Arbeitskapazitäten für Organisation, Gestaltung und Auslegung der Flyer/Plakate:

45 Std x 20 € = 900 € (Internes Marketing)

2.4 Kostenkalkulation / Budgetvergleich bei der Werbeplanung

Tab. 13: Kostenkalkulation der Werbekampagne (eigene Darstellung)

Aktion	Planung	Stück	Preis (in €)
Anzeige Facebook	Aufschaltung der Anzeige auf Facebook	1	350,00
Außenwerbung	Auftrag des Plakates und Platzierung am Kreuzungsdreieck vor Studio	1	761,49
Direktansprache	Druck von Flyern	5.000	93,96
Kostensumme Werbeplanung			1.205,45

Mit 1.205,45 € liegen wir über dem Marketingbudget von 1.200 €. Als Optimierungsmöglichkeit könnte eine Reduktion der Anzahl der Flyer sowie eine Verkürzung des Zeitraumes des Plakates an der Ganzsäule in Betracht gezogen werden. Das zur Verfügung stehende Budget würde aber auch dann nicht ausreichen, wenn man das interne Marketing mit 900 € berücksichtigen würde. Es könnte ein noch größerer Fokus auf Direktmarketing gelegt werden. Insbesondere auf Direktansprachen, weil der erste Eindruck der Trainer eine entscheidende Rolle spielt. Kooperationen mit Werbebeauftragten wären der Idealfall. Somit könnte der Beauftragte vergünstigt im Studio trainieren, wenn im Gegenzug die Platzierung des Plakates günstiger angeboten wird.

2.5 Synergieeffekte im Rahmen der Kommunikationspolitik

Die Unternehmensgruppe kann ihre gesamten Bestellungen an Flyern und Plakaten zusammenlegen. Durch die gemeinsame Aufträge werden beispielsweise die Kosten durch Mengenrabatte reduziert. Für jeden Standort eine eigene Werbeaktion auf die Beine zu stellen ist auch mit hohen Ausgaben verbunden. Daher wäre ein spezielles Jahresevent sinnvoll, bei dem an einem Tag im Jahr alle Studios in der Unternehmensgruppe zusammenlegen und eine Feier veranstalten. Derartiges würde in der Umgebung für große Aufmerksamkeit sorgen und könnte Synergien in der Außenwahrnehmung schaffen. Des Weiteren kann durch die Homepage und die Social Media Kanäle Verlinkungen zu den anderen Studios erzeugt werden, bei der Werbung übereinander geschaltet wird. Ziel hierbei wäre es eine noch größere Reichweite zu schaffen und im besten Fall einen Zuwachs an Mitgliedern zu erhalten.

3 Abschlussstatement

3.1 Attraktivität von Düsseldorf für gesamte Unternehmensgruppe

Abschließend kann festgehalten werden, dass eine hohe Attraktivität für die komplette Unternehmensgruppe in der Stadt Düsseldorf besteht. Es befinden sich zwei der fünf zu eröffnenden Studios im oberen Preissegment. Außerdem ist die wirtschaftliche   Potenz in Düsseldorf sehr groß, da verglichen zu anderen Städten eine überdurchschnittliche Kaufkraft besteht. Dies kann durchaus als Chance angesehen werden, sich als ganze Unternehmensgruppe in Düsseldorf zu etablieren. Hierfür ist aber ein starker Wiedererkennungswert wie beispielsweise top geschulte Trainer und ein familiäres Trainingsumfeld oder auch Ruf von Nöten. Allerdings besteht durch die Überschneidung mehrerer Marktgebiete innerhalb der Unternehmensgruppe und der ernstzunehmenden Konkurrenz die Gefahr, dass unsere Vermarktungskampagne in der Masse untergehen.

3.2 Erfolgswahrscheinlichkeiten der Studios

Sowohl das EMS-Studio als auch das Mikrostudio mit Positionierung „Functional Training" liegen im Premiumsegment und positionieren sich insbesondere über Angebote für enorme Kundenansprüche. Es ist nur fraglich, ob eine genügend hohe Nachfrage in der Stadt für noch ein Studio mit hoher Qualität und individueller Betreuung besteht. Im

Vorteil ist hierbei das Mikrostudio Functional Training, da es über eine außerordentlich gute Anbindung zum Nahverkehr verfügt. Vor allem die attraktive Ecklage, im Kreuzungsbereich der Steinstraße und der Bismarckstraße könnte der Schlüssel zum Erfolg sein, da das Studio dadurch sehr im Blickfeld steht. Das wichtigste dabei ist sich von der Masse abzuheben und ein völlig neues Trainingsgefühl zu bieten.

Die größten Erfolgswahrscheinlichkeiten hat dennoch das Sportsvereinseigene Fitnessstudio. Es grenzt an mehrere Schulen, Kindergärten, hat eine gute Infrastruktur und eine direkte Anbindung zum Nahverkehr. Die breite Angebotspalette bietet viel Abwechslung und macht es lukrativer für die Mitglieder. Abschließend sollte festgehalten werden, dass die Standortwahl der Unternehmensgruppe nicht optimal war. Es herrschen zu viele Überschneidungen in den Marktgebieten, was den Erfolg in den einzelnen Studios schmälert.

4 Literaturverzeichnis

Bodystreet Düsseldorf Berliner Allee. Ein neues, zeitsparendes Konzept „rockt" die Fitnessbranche. Zugriff am 26.12.2017 21:30 Uhr. Verfügbar unter: https://www.bodystreet.com/de/unternehmen/konzept/

Bristot, R. (2005). Was ist Direktmarketing? In: P. Schotthöfer: Rechtspraxis im Direktmarketing. Grundlagen - Fallstricke - Beispiele. Wiesbaden: Gabler.

Bundesagentur für Arbeit. Homepage. Zugriff am 06.12.2017 14:00 Uhr. Verfügbar unter: https://statistik.arbeitsagentur.de/Navigation/Statistik/Statistik-nach-Regionen/BA-Gebietsstruktur/Nordrhein-Westfalen/Duesseldorf-Nav.html

Crossvertise – the media marketplace. Plakate. Zugriff am 04.01.2018 20:30 Uhr Verfügbar unter: https://market.crossvertise.com/de-de/mycrossvertise/shoppingcart/activecart

Diedruckerei.de. Flyer einseitig DIN A4. Zugriff am 25.12.2017 21:30 Uhr. Verfügbar unter: https://www.diedruckerei.de/

Esch, F.-R. (2004). Strategie und Technik der Markenführung (2. Auflage). München: Vahlen.

Facebook.com. Werbeanzeigenmanager. Werbebanner für zwei Monate. Zugriff am 04.01.2018 21:40 Uhr. Verfügbar unter:
www.facebook.com

Höpcke, K., Freyer, J. (2013). Die Beeinflussung von Kaufentscheidungen – Effekte unterbewusster Manipulation der affektiven Einstellungskomponente. Hamburg: Journal of Business and Media Psychology. Zugriff am 20.12.2017 16:30. Verfügbar unter:
http://journal-bmp.de/wp-content/uploads/2014/01/hoepcke.pdf

JONENsports – Personal Training. Das JONENsports-Konzept. Zugriff am 06.12.2017 14:10 Uhr. Verfügbar unter:
http://jonen-sports.de/konzept/

Landeshauptstadt Düsseldorf. Amt für Statistik und Wahlen (2016). Stadtbezirke. Zugriff am 04.12.2017 17:00 Uhr. Verfügbar unter:
https://www.duesseldorf.de/fileadmin/Amt12/statistik/stadtforschung/download/stadtbezirke/Stadtbezirk02.pdf

Lichtner, C. (2016). Kaufkraft in Deutschland steigt 2017 um 1,7 Prozent. Bruchsal: GfK GeoMarketing GmbH. Zugriff am 14.12.2017 14:30. Verfügbar unter:
http://www.gfk.com/de/insights/press-release/kaufkraft-deutschland-2017/

Openrouteservice. Homepage. Zugriff am 04.12.2017 17:30 Uhr. Verfügbar unter:
https://openrouteservice.org/reach?n1=51.220755&n2=6.768265&n3=12&a=51.222787,6.785079&b=0&i=0&j1=8&j2=4&d=100&k1=en-US&k2=km

Riehle, S. (2015). Socialmedia Doktor. Wie Social Media hilft, Marketing-Budget einzusparen. Zugriff am 04.01.2018 17:30 Uhr. Verfügbar unter:
http://socialmedia-doktor.de/wie-social-media-hilft-marketing-budget-einzusparen/

Rose, M. (2013). Trend "Funktionales Training" - Kräftigen ohne Gewichtsplackerei. Spiegel Online. Zugriff am 26.12.2017 15:08 Uhr. Verfügbar unter:
http://www.spiegel.de/gesundheit/ernaehrung/funktionales-training-kraeftig-aber-ohne-gewichtsplackerei-a-896080.html

Santana, J.C. (2016). Functional Training: Das grosse Handbuch. München: Riva.

Schubert, T. 42why GmbH. MARKTPOTENZIAL BERECHNEN. Zugriff am 17.12.2017 12:00 Uhr. Verfügbar unter:
http://www.42why.de/einsatzszenarien/marktpotenzial-berechnen/

5 Abbildungs- und Tabellenverzeichnis

5.1 Abbildungsverzeichnis

5.2 Tabellenverzeichnis

BEI GRIN MACHT SICH IHR WISSEN BEZAHLT

- Wir veröffentlichen Ihre Hausarbeit,
  Bachelor- und Masterarbeit

- Ihr eigenes eBook und Buch -
  weltweit in allen wichtigen Shops

- Verdienen Sie an jedem Verkauf

Jetzt bei www.GRIN.com hochladen und kostenlos publizieren